후삼국과 발해를 모두 품은 새 나라 고려,
다시 하나 된 우리나라 고려는 어떤 모습이었을까요?

나의 첫 역사책 10

# 세계 속의 코리아
# 고려

이현 글 | 한용욱 그림

휴먼
어린이

우리나라는 다시 하나가 되었어요.

"하늘의 뜻을 받들고 백성의 마음을 얻어 나라를 세우노라.
백제와 신라를 끌어안고 고구려의 뒤를 이었으니,
나라의 이름은 '고려'라 하겠노라."

태조 왕건은 예성강이 흐르는 개경을 도읍으로 삼아 고려를 세웠습니다.

그 무렵, 압록강 너머에 있던 발해가 거란의 공격에 멸망하고 말았어요.

많은 발해 사람들이 거란을 피해 고려로 왔어요.

발해도 고구려를 이어받아 생겨난 나라였어요.

고려의 형제나 다름없었지요.

그런데 거란에서 고려에 사신을 보냈어요.
낙타 50마리까지 선물로 보냈지요.
하지만 왕건은 거란 사신들을 먼 섬에 가두고, 낙타는 다리 밑에 버렸어요.
발해를 멸망시킨 거란과 친구가 될 생각이 없었던 거예요.

후고구려와 후백제 그리고 신라와 발해까지.

고려는 갈라진 나라를 통일하고,

흩어진 마음을 하나로 모아야 했어요.

하지만 오랫동안 서로를 적으로 여기며 싸웠던 사이였어요.

사람들의 마음을 하나로 모으기가 쉽지 않았어요.

고민 끝에 왕건은 여러 지방에서 두루 부인을 맞이했어요.

왕비가 무려 스물아홉 명이었어요.

그 사이에 태어난 왕자만 해도 스물세 명이나 되었지요.

그러던 중 태조 왕건은 세상을 떠났습니다.

왕건의 큰아들 혜종이 두 번째 왕이 되었습니다.
하지만 혜종은 왕이 되고도 마음을 놓을 수가 없었어요.
왕의 자리를 노리는 왕자들이 많았기 때문이에요.
왕자를 이용해서 높은 자리에 오르려는 신하들도 많았지요.
왕의 자리를 두고 다툼이 끊이지 않았어요.
서로 죽이고 죽는 일도 있었어요.

그러다 혜종은 왕위에 오른 지 2년 만에 그만 병으로 세상을 떠났어요.
세 번째 왕 정종도 4년 만에 세상을 떠나고 말았어요.

네 번째 왕인 광종은 몸과 마음이 강인한 왕이었어요.
더 이상 왕자들의 다툼은 없었어요.
신하들도 함부로 싸우지 못했지요.
광종은 고려를 위해 하고 싶은 일이 많았어요.

"고려를 살기 좋은 나라로 만들기 위해 다 같이 지혜를 모아야 할 것이오.
어찌하면 좋겠소?"
"능력 있는 사람들에게 나랏일을 맡겨야 합니다."
"과거 시험으로 실력을 겨루게 하소서."
"억울하게 노비가 되어 소나 말처럼 사는 백성들이 많습니다.
그들을 구하시어 고려의 백성으로 삼으시옵소서."

고려는 하루하루 새로워졌어요.

개경에서 가까운 항구 벽란도는 늘 여러 사람들로 붐볐어요.

특히 상인들이 가장 많았어요.

가까운 중국 상인들도 많이 왔어요.

먼 나라의 상인들도 목숨을 걸고 바다를 건너고, 사막을 지나 찾아왔습니다.

그러다 고려에 살게 된 사람들도 있었지요.

일본에서 온 상인들은 주로 유황을 팔고, 인삼이나 책을 사 갔어요.

여진이나 거란처럼 양을 치는 유목민들은 가죽이나 무기를 팔고,
비단 같은 귀한 물건을 사 갔어요.
아라비아에서 온 상인들은 고려라는 이름을 먼 나라까지 전했어요.
고려, 고려 하다가 '코리아'라고 알려졌대요.
그때부터 먼 나라에서 우리나라를 '코리아'라고 부르게 되었다고 해요.

그 무렵, 중국은 송나라가 다스리고 있었어요.

신라가 당나라와 가깝게 지냈던 것처럼, 고려도 송나라와 가까운 사이였어요.

하지만 송나라는 처음부터 나라의 형편이 좋지 못했어요.

북쪽을 차지하고 있는 거란 때문이었어요.

거란군은 민첩하고 용맹했어요.

강한 군대였지요.

그런데 고려는 거란은 멀리하고 송나라하고만 가깝게 지내고 있었어요.

거란은 고려를 괘씸하게 여겼습니다.

결국 거란이 전쟁을 일으켰습니다.

소손녕 장군이 무려 80만 대군을 이끌고 고려로 쳐들어왔어요.

고려 성종은 급히 군사들을 보내 거란군과 싸우게 했어요.

하지만 고려군은 거란의 상대가 못 되었어요.

군사의 수도 적었고, 힘도 약했어요.

성종은 거란군에 사신을 보냈어요.

서로 화해할 방법을 찾자고 했지요.

거란의 요구도 들어주겠다고 했어요.

하지만 거란군의 대답은 단 한마디였어요.

"항복하라!"

성종과 신하들은 몹시 당황했어요.
이대로 나라가 망하는 건 아닐까 겁을 먹었어요.

"어찌하면 좋겠소? 어찌하면 좋단 말이오? 어서 말해 보시오, 어서!"
"전하, 지금은 우리 고려가 거란군을 막을 수 없사옵니다."
"전하, 거란군에 항복해야 합니다."
"전하, 대동강 북쪽의 땅을 바치는 것이 어떠하옵니까?"

그런데 오직 한 사람, 서희는 항복에 반대했어요.

"어찌 싸워 보지도 않고 항복한단 말이옵니까?
스스로 땅을 바치려 한단 말입니까?
아니 되옵니다! 소신을 거란군에 보내 주시옵소서!"

서희는 몇 명의 병사들만을 데리고 거란군을 찾아갔어요.
거란 장군 소손녕이 서희에게 소리쳤어요.

"무릎을 꿇어라!"

서희는 80만의 거란군에 둘러싸였습니다.
하지만 조금도 기죽지 않고 당당하게 말했어요.

"그대는 거란의 황제가 아니다! 그대도 나도 똑같은 신하일 뿐인데,
어찌 내가 무릎을 꿇어야 한단 말인가?"

서희의 말이 옳았어요. 소손녕은 더 이상 우기지 못했어요.
서희와 소손녕은 마주 앉았어요.

"고려는 왜 우리 거란의 요나라를 멀리하고 송나라와 친하게 지내는가?"

소손녕이 따져 묻자 서희는 곧장 이렇게 답했어요.

"고려와 요나라 사이에 여진이 있어 길이 막혔기 때문이오!"
"그렇소? 그럼 우리가 여진을 물리치겠소."

그것으로 거란군은 물러났어요.
골칫거리였던 여진도 멀리 쫓아냈어요.
고려는 오히려 전보다 땅이 넓어졌어요.
하지만 전쟁은 아직 끝나지 않았습니다.
고려는 송나라와 계속 친하게 지냈고,
거란은 고려가 약속을 지키지 않았다고 생각했어요.

결국 거란이 다시 쳐들어왔어요.
이번에는 거란군이 개경까지 내려와 왕궁을 불태워 버렸습니다.
송나라도 고려에 힘이 되지 못했어요.
송나라는 이미 거란에 크게 패하고 멀리 도망친 형편이었지요.
고려 현종은 멀리 남쪽으로 피란을 갔어요.
거란군에게 싸움을 그치자고 사정을 하고서야 겨우 전쟁이 끝났어요.

그러던 어느 날, 송나라의 사신이 고려에 다녀가는 길이었어요.
늦은 밤 문득 하늘을 보니 북두칠성이 유난히 빛나고 있었어요.
그러더니 갑자기 바로 곁의 큰 별이 아래로 뚝 떨어졌어요.

"문곡성*이 떨어지고 있다! 예사로운 일이 아니구나!"

* **문곡성** 북두칠성 가운데 넷째 별.

사신은 가던 걸음을 돌려 별을 따라갔어요.
산을 넘고 물을 건너 어느 마을에 도착했어요.
어느 집에선가 아기 울음소리가 우렁차게 들려왔어요.
사신은 비로소 문곡성의 뜻을 알게 되었어요.

"문곡성이 사람의 아들로 태어났구나! 하늘이 고려를 도우려나 보다."

아이의 이름은 '강감찬'이었어요.

강감찬은 용맹한 청년으로 자라나 한양을 다스리는 관리가 되었어요.

그런데 어느 날 호랑이가 나타나 말이나 소를 물고 가고,

마을 사람을 해쳤어요.

강감찬이 부하에게 말했어요.

"내일 새벽에 북동쪽으로 가다 보면, 커다란 바위에 늙은 스님이 앉아 있을 것이다.

내가 보잔다고 하고 데려오너라."

다음 날 부하가 스님을 데려오자, 강감찬이 대뜸 호통을 쳤어요.

"네 이놈! 어찌 사람을 해친단 말이냐?
닷새의 시간을 줄 터이니 네 무리를 이끌고 썩 물러가거라!
그렇지 않으면 내 손으로 활을 쏘아 너희를 없앨 것이다!"
"크허허헝!"

늙은 스님은 호랑이로 변신했어요.
겁에 질린 고양이처럼 허겁지겁 도망쳤어요.
그 후로 사람들은 안심하고 살 수 있게 되었습니다.

다시 거란군이 고려를 공격해 왔어요.
강감찬은 장군이 되어 고려군을 이끌고 있었어요.
고려군은 거란군을 숨어서 조용히 지켜보고 있었어요.
거란군은 그런 줄은 조금도 모른 채 개경 바로 앞까지 달려갔어요.
드디어 때가 왔어요.
강감찬 장군이 고려군에게 명했어요.

"가자! 거란군의 뒤를 쳐라!"
"와아아아아!"

앞만 보고 달리던 거란군은 놀라서 북쪽으로 말머리를 돌렸어요.
남쪽으로 쫓기다간 고려 땅에 갇혀 버릴지도 모르니까요.
고려군은 거란군이 도망쳐 올 땅에서 이미 기다리고 있었어요.
소가죽을 길게 연결해서 강물을 가로막아 두었지요.
도망치는 거란군이 강으로 뛰어들었어요.

"지금이다!"

고려군은 소가죽을 거둬 버렸어요.
갇혀 있던 강물이 폭포처럼 쏟아졌어요.
마음 놓고 강을 건너던 거란군은 그대로 물살에 휩쓸렸어요.
어찌어찌 강에서 빠져나오면 고려군의 화살이 쏟아졌어요.
거란군은 크게 패하고 도망쳤어요.

고려는 무사히 나라를 지켜 냈어요.
부처님께 감사하는 마음으로 대보름날은 화려한 등을 밝혀 연등회를 열었어요.
해마다 초파일•이면 절마다 연등을 밝혀서 부처의 탄생을 축하했고요.
가을에는 팔관회를 열어 모든 신들에게 감사를 드렸어요.
하늘님과 신령님, 바다를 지키는 용왕님도 빠뜨리지 않았어요.

• **초파일** 부처가 태어난 날로 음력 4월 8일.

고려 사람들은 곳곳에 절을 짓고 탑을 쌓았어요.
바위를 깎아 거대한 불상을 만들기도 했어요.
옥처럼 영롱하게 푸르른 청자도 빚었어요.
청자 표면에 아름다운 무늬를 새기는 건 고려만의 특별한 솜씨였지요.
고려청자는 값진 보석과 다름없었어요.

하지만 백성들은 힘들게 살아야 했어요.

전쟁터로 끌려가 싸우다 다치거나 죽기도 했어요.

힘들게 농사를 지어도 땅을 빌린 값과 세금을 바치면 남는 게 별로 없었어요.

성을 쌓거나 궁궐을 짓는 일에 끌려 나갈 때도 있었어요.

품삯을 받기는커녕 먹을 것도 스스로 마련해야 했어요.

왕을 위해 중미정이라는 정자를 지을 때의 일이었어요.

갑돌이라는 사람은 가난하여 점심을 싸 올 수 없었어요.

그러자 여러 사람이 한 숟가락씩 덜어 한 그릇을 만들어 주었지요.

그러던 어느 날 갑돌이의 아내가 푸짐하게 먹을 것을 챙겨 들고 찾아왔어요.

"그동안 우리 남편을 도와주셔서 고맙습니다. 오늘은 제가 대접하겠습니다."
"부인, 대체 무슨 돈으로 이렇게 먹을 것을 마련한 거요?"

은혜를 갚아 뿌듯했지만, 갑돌이는 좀 걱정이 됐어요.
갑순이는 쓰고 있던 머릿수건을 벗었어요.

"머리카락을 잘라서 팔았어요."

갑돌이와 갑순이는 끌어안고 펑펑 울었어요.
그날도 갑돌이는 변함없이 일을 해야 했습니다.

왕과 귀족들은 그저 흥청망청 지냈습니다.

백성을 제대로 돌보지도 않고, 나라를 튼튼하게 만들지도 않았어요.

신하들은 서로 높은 자리를 차지하려고 싸워 댔어요.

참다못한 백성들이 무리 지어 일어났지만, 왕은 힘으로 짓밟기만 했어요.

병사와 장군들도 불만이 많았어요.

전쟁에서 목숨을 걸고 싸웠지만, 왕과 귀족들에게 무시를 당하기만 했거든요.

급기야 정중부 장군이 신하들을 해치고 왕을 내쫓았어요.

그때부터 장군들이 멋대로 왕을 바꾸고 나라를 휘둘렀어요.

장군들끼리 다투다 서로 죽고 죽이는 일도 있었어요.

왕도, 귀족도, 장군도, 모두들 자기 배를 불릴 궁리만 했어요.

고려는 백성을 돌볼 힘도, 나라를 지킬 힘도 없게 되었어요.

그런데 북쪽의 벌판에서 거대한 태풍이 일고 있었어요.
거란을 휩쓸고, 여진을 휩쓸고, 중국을 통째로 집어삼킨
태풍이 고려로 몰아쳐 오고 있었어요.

몽골.
누구도 상상 못 한 무시무시한 군대가
고려로 달려오고 있었습니다.

나의 첫 역사 여행

# 고려의 왕성, 개경

### 만월대

고려의 왕성이 있던 개경은 오늘날의 개성시입니다.
개성시에 남아 있는 고려의 역사 기념물과 유적은
2013년, 유네스코 세계문화유산으로 등재되었지요.
개성의 송악산 남쪽에는 고려 왕궁의 흔적이 남아 있어요.
하지만 오늘날 개성은 북한 땅이라서 쉽게 갈 수 없어요.
서울에서 자동차로 한두 시간이면 갈 만큼 가까운 곳이지만,
아직 우리나라가 둘로 갈라져 있기 때문이지요.
하루빨리 남과 북의 어린이들이 만월대에서 만났으면 좋겠어요.

만월대에서 발굴된 벽돌과 기와 장식

유네스코와 유산 ▼  heritage.unesco.or.kr

고려 왕궁의 흔적이 남아 있는 만월대

### 왕건 왕릉

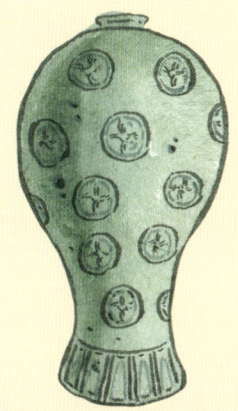

고려를 세운 태조 왕건과 신혜 왕후가 함께 잠든 왕릉도 개성시에 남아 있어요.
고려는 여러 번 전쟁에 휩쓸렸지만,
그 동안에도 왕건 왕릉만은 잘 돌봤다고 해요.
무덤의 안쪽은 돌로 된 방으로,
벽에는 멋진 고려의 그림이 남아 있어요.
무덤 바깥에는 왕건의 충성스러운 신하들의 조각상도 있어요.

고려 태조 왕건의 왕릉

### 고려박물관

개성시에는 고려 시대의 유물을 전시한 박물관도 있어요.
고려의 젊은이들이 유학을 공부했던 학교인 성균관 자리에
박물관을 만든 거래요.
박물관에는 고려 시대의 모습을 그린 지도와 왕궁의 모형도 있고,
왕궁 자리에서 나온 유물도 전시되어 있어요.
야외 전시실에는 고려의 석탑들도 있어요.
물론 고려를 대표하는 청자도 많은데,
특히 왕건 왕릉에서 나온 청자가 눈길을 끈답니다.

개성에 있는 고려박물관

나의 첫 역사 클릭!

# 푸른빛의 아름다움, 고려청자

고려 사람들은 귀한 보석인 옥과 같이 푸른빛을 띤 도자기를 만들었어요.
'푸른 도자기'라는 뜻에서 '청자'라고 부르지요.
전 세계에서 청자를 만들 수 있는 나라는 고려와 송나라뿐이었어요.
고려의 청자는 고운 그림을 새겨넣는 상감 기법으로 송나라의 청자보다 뛰어났어요.
푸르른 빛도 송나라보다는 고려청자가 아름다웠어요.
그토록 아름다운 청자를 만드는 방법은 오직 고려의 도공들만 아는 비밀이었어요.
고려만의 아름다움이었지요.

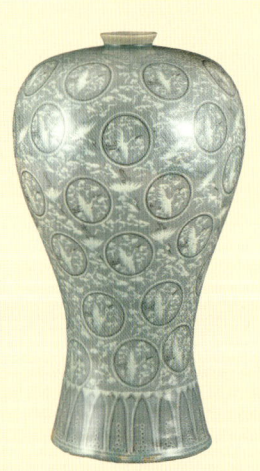
청자 상감 운학문 매병

어린아이 모양 연적

참외 모양 꽃병

모란·넝쿨무늬 주전자

투각 칠보문 향로

그중에서도 청자를 대표하는 최고의 작품은
'청자 상감 운학문 매병'이에요.
마흔두 개 동그라미의 안과 밖으로
학과 구름이 새겨져 있어요.
옥처럼 빛나는 도자기 위로 천 마리의 학이 날아오르는
것 같아서 '천학 매병'이라는 별명이 붙기도 했어요.
그런데 이렇게 귀한 보물을 하마터면
잃어버릴 뻔했다고 해요.
식민지 시절에 한 일본인이 일본으로 가져가려고 했던 거예요.
다행히 간송 전형필 선생이 큰돈을 들여 매병을 사서 잘 보관해 두었어요.
덕분에 오늘날에도 간송 미술관에서 천학 매병을 감상할 수 있게 되었답니다.
그밖에도 국립 중앙 박물관에는 청자를 모아 둔 전시실이 따로 있고요,
고려청자를 만드는 도요지가 있었던 전남 강진에는 고려청자 박물관도 있답니다.

**고려청자 박물관**

### 글 이현

세상 모든 것의 이야기가 궁금한 동화작가입니다. 우리나라 곳곳에 깃든 이야기를 찾아 어린이들의 첫 번째 역사책을 쓰고 있습니다. 그동안 《짜장면 불어요》, 《로봇의 별》, 《악당의 무게》, 《푸른 사자 와니니》, 《플레이 볼》, 《일곱 개의 화살》, 《조막만 한 조막이》, 《내가 하고 싶은 일, 작가》 등을 썼습니다. 제13회 전태일 문학상, 제10회 창비좋은어린이책 공모 대상, 제2회 창원아동문학상 등을 받았습니다.

### 그림 한용욱

어린이들의 정서 발달에 도움이 되는 그림을 그리려고 노력하는 마음 따뜻한 그림작가입니다. 대학에서 동양화를 공부했습니다. 그린 책으로 《용이 우물에 알 낳는 날》, 《김원봉과 의열단 독립운동》, 《궁금해요, 유관순》, 《궁금해요, 정약용》, 《꽃길》, 《조선통신사 여행길》, 《신라 천년의 도읍지, 경주》, 《인물로 만나는 근대 이야기》, 《옛 그림 속에 숨은 문화유산 찾기》 등이 있습니다.

나의 첫 역사책 10 — 세계 속의 코리아 고려

1판 1쇄 발행일 2019년 7월 12일 | 1판 4쇄 발행일 2020년 12월 18일

**글** 이현 | **그림** 한용욱 | **발행인** 김학원 | **편집주간** 정미영 | **기획** 이주은 박현혜 | **디자인** 김태형 유주현 진예리 박인규 이수빈 박진영
**마케팅** 김창규 김한밀 윤민영 김규빈 김수아 송희진 | **제작** 이정수 | **저자·독자 서비스** 조다영 윤경희 이현주 이령은(humanist@humanistbooks.com)
**스캔** (주)로얄프로세스 | **용지** 화인페이퍼 | **인쇄** 삼조인쇄 | **제본** 영신사 | **표지·본문 디자인** 유주현 한예슬
**발행처** 휴먼어린이 | **출판등록** 제313-2006-000161호(2006년 7월 31일) | **주소** (03991) 서울시 마포구 동교로23길 76(연남동)
**전화** 02-335-4422 | **팩스** 02-334-3427 | **홈페이지** www.humanistbooks.com

글 ⓒ 이현, 2019  그림 ⓒ 한용욱, 2019
ISBN 978-89-6591-372-6  74910
ISBN 978-89-6591-332-0  74910(세트)

- 이 책은 저작권법에 따라 보호받는 저작물이므로 무단 전재와 무단 복제를 금합니다.
- 이 책의 전부 또는 일부를 이용하려면 반드시 저작권자와 휴먼어린이 출판사의 동의를 받아야 합니다.
- **사용연령 6세 이상** 종이에 베이거나 긁히지 않도록 조심하세요. 책 모서리가 날카로우니 던지거나 떨어뜨리지 마세요.